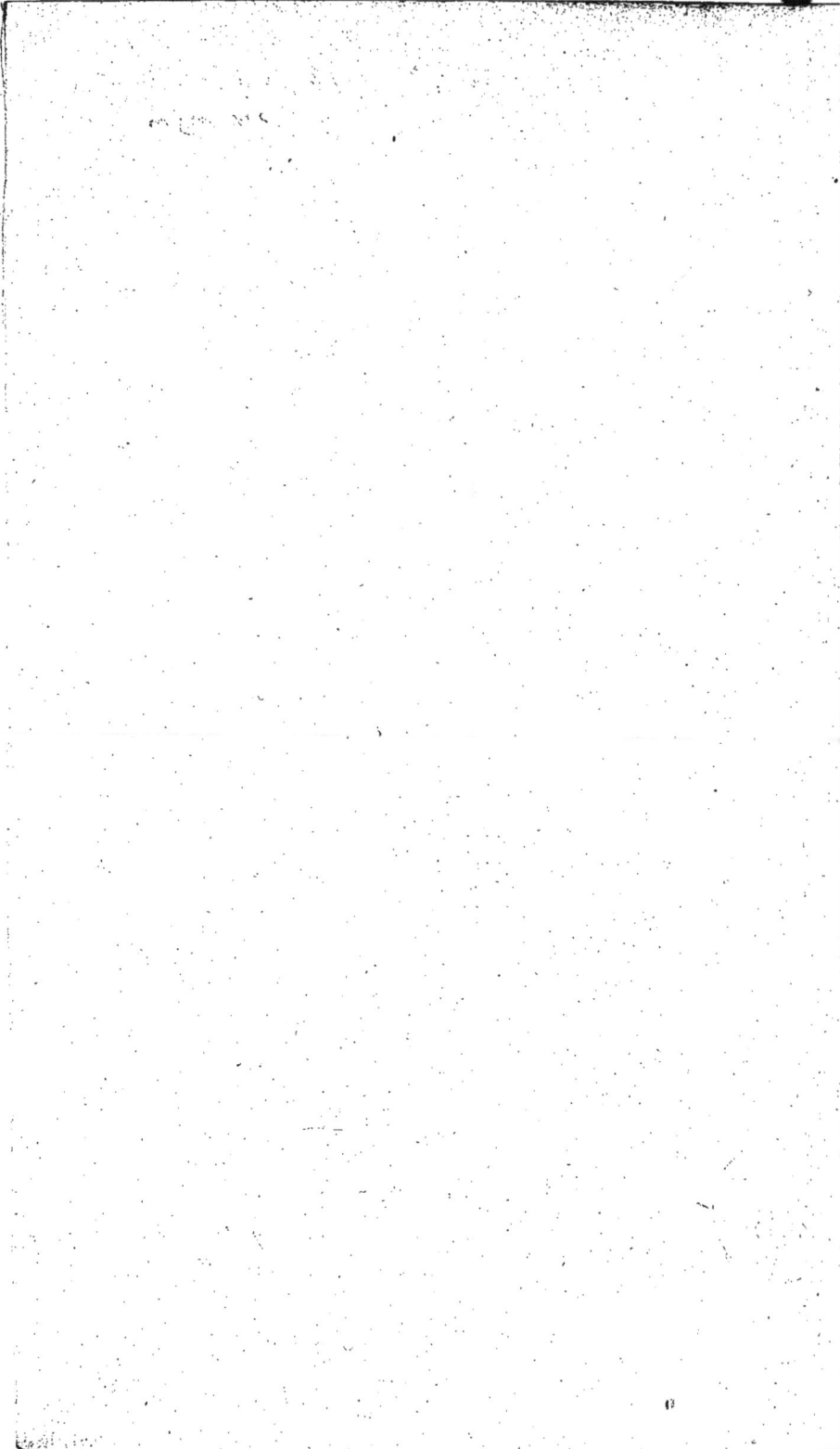

Dr LEDOUX père

LA
FRANCHE-COMTÉ

DANS LES

ANNALES DE LA MÉDECINE

Extrait de la *Revue médicale de la Franche-Comté*,
n° 12, décembre 1906

BESANÇON

TYPOGRAPHIE ET LITHOGRAPHIE DODIVERS
87, GRANDE RUE, 87

1906

Dr LEDOUX père

LA
FRANCHE-COMTÉ

DANS LES

ANNALES DE LA MÉDECINE

Extrait de la *Revue médicale de la Franche-Comté,*,
n° 12, décembre 1906.

BESANÇON
TYPOGRAPHIE ET LITHOGRAPHIE DODIVERS
87, GRANDE-RUE, 87

1906

LA FRANCHE-COMTÉ

DANS LES

ANNALES DE LA MÉDECINE

Par M. le Dr LEDOUX père

1674. Pendant le siège de Besançon par Louis XIV, MOREL[1], médecin dans la défense, invente le *garrot*, composé d'un lien circulaire avec une plaque et deux bâtonnets pour remplacer le simple lien que, depuis Ambroise Paré, on serrait autour du membre à amputer.

1697. FRÈRE JACQUES fait à Paris une première opération de *taille latéralisée* qu'il a déjà pratiquée à Perpignan et ailleurs. Cette nouvelle méthode de cystotomie remplaçant la taille latérale pour l'extraction de la pierre, rendit son auteur vite célèbre tant à l'étranger qu'en France; en 1702, il avait déjà opéré plus de 4,500 calculeux par l'incision latéralisée.

Jacques Baulot, qui avait pris dans sa jeunesse le nom de Beaulieu et devint Frère Jacques par son affiliation au tiers-ordre de Saint-François, était né en 1651 à l'Etendonne, hameau de la paroisse de Beaufort (Jura) et mourut à Besançon dans l'ermitage de Saint-Léonard. Il fut inhumé dans l'église Saint-Jean-Baptiste le 7 décembre 1714 [2].

1723. VACHER[3], Gilles, originaire du Bourbonnais (1693-1760), est nommé chirurgien en chef de l'hôpital Saint-Jacques de Besan-

---

(1) Le premier à citer d'une lignée médicale bisontine qui ne s'est éteinte qu'en 1888 au décès du Dr Ernest MOREL.

(2) Démolie en 1793; à la même époque fut détruit son cimetière attenant, sur la place duquel est actuellement le Square archéologique.

(3) Ce chirurgien est appelé souvent LE VACHER ou LEVACHER. Son fils, Charles-Eugène fut chirurgien-major des hôpitaux du roi et professeur à l'Ecole de chirurgie de Besançon.

çon. Membre dé l'Académie royale des sciences et de celle de chirurgie, il fut « l'une des figures chirurgicales les plus remarquables du XVIIIᵉ siècle et le premier peut-être qui ait reconnu que l'ossification du périoste était nécessaire à la consolidation des fractures (1). »

1764. Arrivée à Paris dé DESAULT, né au Magny-Vernois, près Lure, en 1744, après qu'il avait reçu les premières leçons d'un praticien de son pays et des médecins de l'hôpital de Belfort. Son enseignement dans un cours libre d'anatomie, puis au collège dé chirurgie, lui avait acquis un renom retentissant quand à la Charité, dès 1782, et un peu plus tard à l'Hôtel-Dieu, Desault devint le maître de la génération de ces chirurgiens dont les services furent si précieux à nos armées, ou qui, à Paris et ailleurs, au commencement du siècle suivant, conservèrent à la Science française une éclatante suprématie. On a dit qu'il fut « le plus grand chirurgien qu'ait eu la France depuis Ambroise Paré (2) ». Desault était resté un vrai Comtois par le caractère ; ses meilleurs amis étaient Percy, son émule, Bichat, son élève préféré, son collaborateur, son continuateur. Dans sa thèse de doctorat en chirurgie, en 1776 (3), Desault se déclarait *vesuntinensis*, bisontin, c'est-à-dire de la province dont Besançon, avec son Université, était le foyer d'instruction supérieure. Lors de sa mort, en 1795, un poète glorifia son œuvre :

> Il vécut assez pour sa gloire
> Et trop peu pour l'humanité.

1765. Le docteur GIROD (1735-1783), de Mignovillard (Jura), médecin en chef des épidémies en Franche-Comté, commence à inoculer le virus variolique, d'après la méthode qu'il était allé étudier en Angleterre, et répand cette pratique dans sa province, puis en France. La Société royale de médecine, devant laquelle Vicq d'Azir devait prononcer un éloquent hommage de son correspondant en 1784, proclama que Girod avait été le premier à faire adopter l'inoculation aux peuples des campagnes. En 1776, à Versailles menacé d'une redoutable épidémie

---

(1) Dʳ Chéreau (né à Poligny), bibliothécaire en chef de la Faculté de Médecine de Paris, dans *Dict. encycl. des sciences médicales*, art. LEVAGHER.
(2) *Encyclopédie Michaud*, art. par FOURNIER.
(3) *De calculo vesicæ urinario, eo jure extrahendo, prævia sectione, ope instrumenti Hawskinsiani emendati..., præside M. Antonio Louis.., Petrus Josephus Desault, vesuntinensis, in alma universitate parisiensi artium magister et in schola practica anatomes et chirurgiæ professor.* On retrouve *l'esuntinensis* sur les thèses d'autres Comtois non bisontins.

de variole, Louis XVI appela Girod pour être inoculé de sa main en même temps que les princes et princesses (1).

1768. Le 23 janvier, mort subite à Besançon de Charles, ancien capitaine, âgé de 50 ans. Le docteur ROUGNON (2), professeur à l'Université, pratique l'autopsie et décrit pour la première fois les symptômes de l'angine de poitrine, en indiquant quelques-unes de ses lésions, dans une lettre à Lorry, docteur régent de la Faculté de Paris, mais sans caractériser d'un nom cette entité morbide. Peu de mois après, Heberden communiquait au Collège royal de Londres une observation semblable en la classant dans la nomenclature pathologique *angor pectoris*.

1794. BRIOT, né à Orchamps-Vennes (3) (Doubs) en 1773, et mort en 1826 (4) à Besançon, chirurgien en chef de l'hôpital Saint-Jacques et professeur à l'Ecole de Médecine, pendant qu'il était attaché au service de santé dans les armées de la République, pratiqua la résection d'une tête d'humerus exortosée, cariée, en partie ankylosée à la suite d'une ancienne blessure. Précédemment d'autres chirurgiens avaient extrait de sa cavité scapulaire la tête humérale fracturée par coup d'arme à feu. Briot fut l'un des premiers à vanter la supériorité, dans certains cas, de la résection sur l'amputation (5).

1800. PERCY (1754-1825), de Montagney (Haute-Saône), docteur de l'Université de Besançon, le futur chirurgien en chef de la Grande Armée, suggère à son général en Allemagne, Moreau, l'idée de proposer à l'adversaire, le général autrichien Kray, un traité d'inviolabilité des hôpitaux militaires, de neutralisation des malades et médecins : ce bienfait ne devait être réalisé que longtemps après par la convention de Genève. Percy s'est illustré par ses publications, ses leçons aux officiers de santé en campagne et aux étudiants de la Faculté de Paris, par

---

(1) Après la découverte de Jenner, le docteur Barrey (1771-1837), de Besançon, se distingua parmi les plus zélés propagateurs de la vaccine et fut un des bienfaisants successeurs de GIROD dans la lutte contre la petite vérole. Barrey a laissé plusieurs publications sur la vaccine et mentionné que la première inoculation jennérienne à Besançon fut pratiquée le 24 avril 1801.

(2) Voir entre autres notices sur le médecin bisontin *Docteur Rougnon 1727-1799*, par le Dr COUTENOT, Besançon, Bossanne, 1895.

(3) Et non à Orchamps (Jura).

(4) Le 29 décembre. Quelques biographes ont marqué par erreur 1827.

(5) Voir le chapitre *des amputations et des résections* dans l'*Histoire de l'état et des progrès de la Chirurgie militaire en France pendant les guerres de la Révolution*, par BRIOT, 1 vol. in 8°, Besançon, Gauthier, 1817.

son habileté chirurgicale, ses services d'organisateur aux armées, sa création des ambulances volantes allant relever les blessés sur le champ de bataille, par son dévouement aux victimes de la guerre. Le *Journal du baron Percy* [1] montre bien la haute valeur des qualités morales et humanitaires de son auteur.

1800. BICHAT publie ses *Recherches physiologiques sur la vie et la mort*, œuvre capitale d'une trop courte vie, mais féconde en riches contributions à la chirurgie, à l'anatomie normale et pathologique, à la physiologie. A 28 ans, Bichat était médecin de l'Hôtel-Dieu, et mourut en 1802 avant d'avoir atteint sa trente et unième année.

Lors de sa naissance, en novembre 1771, à Thoirette, ce village faisait partie du Bugey, confinant à la Franche-Comté. A la division de la France en départements, le cours de l'Ain fut pris pour limite, Thoirette incorporé dans celui du Jura, et Bichat devint un fils adoptif de la petite patrie comtoise en même temps que le compatriote de Desault qui l'aimait comme un père son enfant.

1810. La Société de Médecine constituée à Besançon au mois de frimaire (nov.-déc.), de l'an X (1802), ayant proposé, pour sujet de concours *De la possibilité d'infection syphilitique par la blennhorragie* (acceptée par Hunter, niée par Tode et B. Bell), couronne le 5 juillet le mémoire de HERNANDEZ [2], médecin de la marine : *Essai sur la non identité des virus gonorrhéique et syphilitique* [3]. « Hernandez traita avec un grand éclat cette question et il est le créateur un peu oublié de la théorie du chancre larvé. » « Ricord prit à B. Bell et à Hernandez la distinction absolue entre le chancre et la blennhorragie, et, pour expliquer certains cas exceptionnels, il établit et fit sienne, par le développement qu'il lui donna, la théorie du chancre larvé qu'Hernandez avait entrevue [4].

1821. DESFOSSES, pharmacien, peu après professeur de pharmacologie à l'Ecole de Médecine de Besançon, extrait de la morelle et d'autres plantes un alcaloïde qu'il nomme la *Solanine*.

---

(1) Publié par M. Emile Longin, 1 vol. in-8°, Paris, Plon-Nourrit, 1904.
(2) Plus tard médecin en chef et professeur dans les écoles de médecine de Rochefort et de Toulon.
(3) Edité à Toulon et sous un titre à peine modifié à Paris, en 1812.
(4) FOLLIN, *Traité de pathologie externe*, t. I, 1871, p. 624 et 627.

1822. Le traitement des ulcères variqueux par la compression, au moyen de bandelettes de diachylon, est mis en pratique à l'hôpital Saint-Jacques par SCHWARTZ, médecin militaire [1]. Cette méthode, dite de Baynton, n'avait encore donné lieu qu'à quelques essais à la Charité de Paris et ne se vulgarisa qu'après sa préconisation par Ph. Boyer (*Rapport au Conseil des hôpitaux*) en 1841.

1844. Le 28 avril, le docteur WOYCIKOWSKI [2], Roch, médecin à Quingey, procède avec l'aide des médecins de Salins et succès, dans le village voisin de Montrond, à « la première opération d'ovariotomie pratiquée régulièrement en France [3]. »

1846. Dans le deuxième bulletin de la Société de Médecine de Besançon [4], le Docteur JACQUEZ, de Lure, publie une étude *Du traitement hygiénique de la fièvre typhoïde par l'eau froide*. Il en conseille l'emploi en boisson et par applications de linges mouillés. Il démontre la supériorité de cette thérapeutique d'après une statistique comparée des résultats obtenus par les différentes méthodes pendant la période 1839-1846 [5].

1885. Le 4 juillet, PASTEUR, né à Dole (1822-1895), en pratiquant la première inoculation antirabique sur l'homme, inaugure l'application à la médecine humaine de ses théories, confirmées par l'expérimentation, sur les germes infectieux, les virus, leur atténuation, et ouvre ainsi à la science une voie nouvelle qui a déjà conduit à d'inappréciables conquêtes.

Cette liste de médecins comtois qui méritent une reconnaissance spéciale ne saurait être close sans qu'on y fasse figurer les noms de

---

(1) *Ibid.*, p. 128.

(2) On a imprimé parfois WOYERKOWSKI ou WOGERKOWSKI. Il était diplômé de Montpellier en 1840. Après quelques années de séjour, il quitta Quingey pour chercher vainement meilleure fortune à Paris et mourut à Dijon en 1882. L'opérée de 1844 survécut à l'opérateur.

(3) *Dict. encycl. des sc. med.*, art. ovariotomie, par BOINET. Voir POZZI, *Traité de gynécologie* et *Leçon d'ouverture de la clinique gynécologique*.
L'observation a été publiée dans le *Journal de médecine et de chirurgie pratiques, revue médico-chirurgicale de Paris*, juin 1847.

(4) Reconstituée en 1845 (celle de 1802 n'ayant vécu que quelques années), elle publia dès cette année la première *Revue médicale* en Franche-Comté.

(5) Rappelons la date de la première anesthésie chirurgicale à l'hôpital Saint-Jacques de Besançon. Après la communication de Malgaigne devant l'Académie de Médecine, un étudiant de notre école, devant subir une légère opération dans le service du professeur Corbet, s'offrit pour une expérience d'éthérisation le 31 janvier 1847. L'insensibilité ainsi obtenue fit renouveler les jours suivants les inhalations d'éther pour des opérations plus importantes.

ceux qui, à défaut de la découverte d'un progrès mémorable, ont cependant par le professorat, leurs écrits, l'excellence de leurs services dans les hôpitaux de Paris et aux armées, fait honneur à leur province natale, tels que :

LOMBARD, de Dole (1741 1811), et THOMASSIN, de Rochefort [Jura] (1750-1828), chirurgiens militaires ; MARJOLIN, de Ray-sur-Saône (1780-1850), chirurgien, et PIDOUX, d'Orgelet (1808-1882), auteur d'un traité de thérapeutique, tous deux professeurs à la Faculté de Paris et membres de l'Académie de Médecine ; LELUT, de Gy (1804-1877), médecin psychologue, de l'Académie des Sciences morales.

BESANÇON. — TYP. ET LITH. DODIVERS.

www.ingramcontent.com/pod-product-compliance
Lightning Source LLC
Chambersburg PA
CBHW060715280326
41933CB00012B/2446